ASTEROIDE Y CAÍDA LIBRE

ExLibric

MARTA CABALLERO-HUERTAS

ASTEROIDE Y CAÍDA LIBRE

EXLIBRIC

ANTEQUERA 2021

MARTA CABALLERO-HUERTAS

ASTEROIDE Y CAÍDA LIBRE

No te gusta la poesía.
Por eso odias los espejos y los charcos.

ESPACIO ATEMPORAL

Un cruce. Sí, aquel.
El que vimos a la vez desde distintas posiciones,
pero misma voluntad,
el que alcanzamos adrede o por casualidad.
Tú estabas tan distinto, tan igual,
tan pequeño, tan crecido, tan naíf, tan perspicaz
que las ganas colonizaron mi capacidad
para acabar de definirte,
a pesar de que era más que evidente
que la tarea llevaría un tiempo ilimitado.

Tú, tan cerca; yo, tan lejos y tan cerca.
Tú tan enfocado, y yo tan dispersa.
Café ficticio de hielo y hierbabuena.
Regálame tiempo o saquéame el mío,
quítamelo a la fuerza.
Dame un abrazo, que empieza a hacer frío,
antes de dar la vuelta.

No hay nada mejor que vivir las horas sin reloj,
sin querer, queriendo,
y deseando regresar al segundo anterior
para no agotar lo que parece que no existe
desde que comienzas a reflejarte
en unos ojos que penetran en los tuyos.
La mirada y su brillar.
El tiempo y su arte.

LA PERSPECTIVA

Eres un claroscuro en el bosque de mis dilemas,
un faro de neón en noche de solsticio
y dolor de muelas.

Te volvías inmortal al tabaco, al ron-naranja,
a mis miradas absolutas de veneración
desde el desdén.

Bonito es saber que ahora vuelas,
que los imposibles te hicieron libre
y el presente te escuece menos que el ayer.

PRIMAVERA INMUTABLE ALLÁ DONDE RECOGÍAMOS LAS FLORES

Entre la espera y las paredes de este antro
te pienso hacia dentro,
te aspiro hacia la saciedad.
Sabemos que es mentira que te mentía;
sabemos que es verdad que me persigue
y perseguía la dulce agonía de sentir
que me alejaba de la historia de mi vida,
volviéndola pretexto.

Sin ti, todo luce más tenue,
todo queda estanco y sin propósito final.
Sin ti, la alarma me muerde
la aorta a las siete,
las cámaras no enfocan igual.
Está todo alejado de la lejanía,
como si de una resta ante el paréntesis
se tratase.

Porque menos por menos
siempre suman ganas de volver.
Y yo no me imagino otro lugar
al que llamar refugio.

NO LLEGUEMOS TARDE

Quizá todo se resuma en eso, en la espera.
Porque aquello que merece la pena
se encuentra al otro lado
del teléfono, del colchón,
o de la vida, si llegamos tarde.

Pero sé que no será. Lo último, me refiero.
Solo quiero creer que algún día
vendrá lo que ansío, tocará la puerta
y no nos quedará más remedio que ser felices.

Nunca creí que sufriría tanto;
de hecho, no comprendo
cómo puedo resistir algo así,
cómo los demonios pueden atravesar
el cuerpo y el alma, pero mantenerme en pie,
que no en compostura.

Volvemos al principio, a la espera,
a ti, si Dios me deja y el cuerpo aguanta.

DEMOLICIÓN

15

Tú querías derribar muros.
Yo era todo fachada.
Quizá, por eso, la vida
nos hizo para no olvidarnos.

FUGAS Y FUGACES

El arraigo a tus caderas fértiles,
esas de las que yo bebía hasta saciarme,
me recuerda que un día no fui nómada,
ni colono, sino habitante.

Tanto yo bebía, yo bebía tanto,
que la sobriedad incesante
me aviva ahora el llanto.

Y si es la tierra la que parte,
la que emprende la marcha,
la que se lleva el canto,
¿qué nombre recibe el residente:
errante o abandonado?

SOLO PODÍA FALLAR YO

Qué guapa estabas
cuando me dejabas embriagada
de sueños por cumplir.

Porque, créeme, no hay nada más terrible
que guardar en el cajón a quien sabes
que todo lo daría por tu beso en un portal
y un ramo de magnolias en el aeropuerto.

Naufragio en una taza de café

Quizá la quimera de hueso y carne
me queda grande,
o los versos que no me atreví a regalarte
son los que ahora me asfixian.

Quizá nos conectan las constelaciones,
la tinta, o la voz somnolienta
que abriga nuestra garganta
en un ciclo eterno
que intenta perseguir las estaciones
sin ser capaz de solaparlas.

Quizá esto sea el comienzo del final
del naufragio en un océano
o en una taza de café.

Quizá esto sea el comienzo del final
de lo que un día fui contigo.
Por favor, un sobre más de azúcar.

Y QUEMA

Me escueces sin rozarme,
a más de un viaje en coche
y a menos de la segunda vida
que nos junte.

TELEPEAJE

Como si tu inmadurez
perpetuase en mis meninges
y echara raíces en un pedacito de mi alma,
muchacho, si es que eso existe.

Me arrodillo por un *te quiero*
al costado del asiento del copiloto,
por un abrazo por la espalda
mientras cuezo puerros para el puré,
por tu bandera a media asta y a asta entera,
por el aullido de los perros del chalé imaginario.

Pero dime, muchacho,
qué darías tú, qué regalarías
por tus últimos días en nosotros,
por qué te desollarías la piel sobre las rótulas.

QUERER ES EL VERBO

Si no encontramos el camino,
lo levantamos.

Si no encontramos el tiempo,
detenemos el cronómetro.

Si no encontramos la salida,
nos recluimos juntos.

TÚ TRES VECES

Tú, que me lo quitas todo
dejándome el vestido puesto,
que rasgas mis miedos con las uñas
y los haces jirones irreconocibles.

Tú, que conviertes las mudanzas
en el oteo de tierra firme,
que haces artesanía en cada gesto,
disimulando la rutina,
haciéndola invisible.

Tú, que sacias mis ansias de volar,
permíteme que yo haga el resto.

A GOLPE DE VERSO

En el museo de la soledad
ya no quedan abrazos a medias
ni mandíbulas apretadas;
lo han desvalijado a golpe de verso,
de baño de abrazos al alba
de la noche estrellada frente al mar,
sobre la almohada.

Estrofas heptasílabas retratando
tu quimérica figura,
que se desvanece entre mis dedos
mientras los tuyos dibujan
mi rostro y me acicalan el pelo.

Estrofas entonadas por la Luna,
orquestadas por unos ojos incrédulos
que parpadean como alas de mariposa
empapadas de rocío.

Estrofas de madrugada,
de capa para el frío de primavera de marzo,
del todo en el bolsillo,
de una camisa desabotonada de imposibles.

Oxímoron

Oxímoron perfecto
el infinitísimo final
que termina por no aproximarse.

En su lugar,
creer que todo puede ir a bien,
que todo puede ir a ir,
a cambiar, a volver, a seguir.

Ese final que me hace
dar saltos de alegría
por creerlo posible en su imposibilidad,
desafiando al tiempo,
desafiando al sonido de la lluvia
y su compás.

(DER)ROTA

Mil victorias,
y en ninguna me acompañas.

Eso es derrota.

Onda-Corpúsculo

Algo así como las instrucciones
de un truco de magia
o de un control (ter)remoto.
Así eras tú, espontáneo y previsible.

Un atasco en la M-30
a las tres de la mañana,
una sombrilla de playa en Svalbard,
una estrella Michelin en el *burger* de la esquina.

Un chico de barrio entre las esferas,
un macarra sofisticado
que buscaba presumir de la altura
de los vuelos de todas las mujeres
que no te dio tiempo a conocer.

Dualidad onda-corpúsculo.
Te desterraría una y mil veces,
pero no me dejes de querer.

LO ESCRIBÍ EN ALGÚN MOMENTO

Un poema más es media vida menos.
Bajo cero debo nueve.
Todos los firmo como quien firma
su sentencia ante notario, la de muerte,
bajo el pseudónimo de mis lágrimas
y el respaldo de tu bandera.

Escribo como si fuesen
mis últimas palabras en la Tierra,
como si fuera la oportunidad última
de decirte que la inmensidad es diminuta
si pienso en tus pupilas,
si siento tus besos en mi nuca.

PÓLVORA O CENIZA

Nunca estuvimos hechos para el nosotros,
pero rimábamos tan bien
que hasta la noche se creía poeta
cada vez que nos mordíamos los labios
y evitábamos el parpadeo
para no perdernos de vista
ni una décima de segundo.

Te juro que soñaba despierta
cada vez que te acercabas
para susurrarme los futuros más inciertos
que jamás hubiese construido.
Tenías la facilidad de convertir
una tarde de jueves en Nochevieja,
de tirar fuegos artificiales desde la alfombra del salón
mientras yo arqueaba las cejas asombrada,
aunque repitieses el mismo truco 52 veces al año.

Y ahora míranos,
curando las heridas con los disparos,
cosiendo las costillas con la ginebra,
tomando el oxígeno con el aguante.
Nosotros, que un día vimos la habitación arder,
el apartamento en llamas,
y ahora somos las cenizas.

LAS CAMAS QUE GOBERNAMOS

Y si es verdad lo que el mar insinuaba,
que estamos hechos para no olvidarnos.
Fuimos deprisa, muriendo en cada curva del camino
y resucitando en todas las camas que gobernamos.
Apuesto que más de diez.

Era nuestra forma de hacer la vida
lo que nos ponía en el aprieto cotidiano.
A ti te dolían los huesos;
a mí me faltaba un tornillo,
que tú rezabas por que nunca encontrase.

Dos obsesos que desaprendieron los veranos,
dos fanáticos de los atardeceres tristes,
de los soles que besan la línea invisible
entre las nubes y el asfalto.
Un peligro público conduciendo
cualquier coche de alquiler al son del vértigo.

El karma está en la antítesis.
Tú estás al norte del hemisferio norte de mis ojalás.
Yo estoy al sur del norte en un planisferio
que no me deja reconocer las estrellas.

Todavía me imagino ese campo de batalla,
que ahora yace desierto,
observándonos descalzos.
Ese campo que un día vio las flores,
y ahora ni siquiera ve las balas.

El cielo sin tu espalda

Un templo a un dios
que ya no existe,
que abandonó el reino de los cielos
para convertirse en carne.
Un alzhéimer que llora
la niñez que persigue
y nunca alcanza.
Un animal salvaje entre flores de artificio
y aplausos de temporada.
Un hígado de poeta
que rechaza lo que escribe,
lo que no cabe en la mudanza.
Un colchón a la espera
de la batalla más bella jamás librada.
Un túnel a las coordenadas
de una galaxia que se expande.

Algo así como el mundo sin ti.
O el cielo sin tu espalda.

LOS MATAMOS ANTES DE NACER

Le lloré tantas veces
al vestigio de nosotros
que crecieron malvas.

Luego las crie,
como lo hice con los hijos
que nunca tuvimos.

SOUNDTRACK

Viajamos por el mar en un frasco.
Recorrimos a galope la capital
de nuestro reino en el ocaso.
Patentamos la brisa de Galicia.
Nadamos en el rico caudal
de la conjugación de nuestra risa.

En secreto, bailamos sobre la arena
al son de la noche muda y sirenas de policía.
Vimos el rubor de las estrellas
espiando el desnudo de la Luna,
llena, etérea, vacía. Todas en una.
Escandinavia nos abrazó,
siendo todo menos fría.

Recetas imposibles en la cocina
con las persianas semicerradas
y la mejor bebida inventada.
Atestado el salón de equipaje.
Vivimos con vistas al sonoro oleaje,
hipnotizados por la espuma despertada.

Volvimos la vista a la ciudad cercada,
a la muralla en ruinas,
para bebernos el brebaje
de los labios que acaban
en éxtasis y combustión de nicotina.

El infinito habita en muchos parajes.
No es sinónimo de siempre,
pero sí de aprendizaje,
de eternidad de la memoria,
de línea divisoria en el pentagrama
de la sinfonía de existir.

UNA MENTIRA PRECIOSA

Como pedir a Dios
tener fe en el ateísmo;
como pintar un espejo en mate
y desear que refleje lo mismo;
como sufrir agorafobia crónica
y pretender hacer turismo.

La esperanza es la bonita falacia
que ahoga los gritos del conformismo.

Eso

Me escondería
en cada uno de los rincones
que alberga tu cuerpo
hasta encontrar dónde nace eso
que tanto me cautiva
y que no sé cómo se llama.
Quizá solo exista en ti
y no tenga acepción.
Quizá lo hayas inventado tú,
o quizá lo invento yo cada día de mi vida
desde que dejaste de ser quimera
para ser y solo ser.

SIN ANDÉN NI ADIÓS

Me miraste y olvidé el deletreo de «invierno»,
porque eres como una primavera prematura,
primavera de enero.

Novela y cine de autor en época de caída de hoja;
tres mil tonalidades flotando en la brisa,
improvisando valses mientras la lluvia las moja.

Adoro besar tu nariz fría
cuando recitas que estás *ad libitum*, genial,
que mis abrazos aguardan un verano eterno,
ecuatorial, cuya temperatura no varía.

Las estaciones siempre fueron el lugar de despedir;
sin embargo, tú abarcas todas ellas
[verano, invierno, otoño y primavera],
y yo he decidido que no voy a partir.
No en esta vida. Aún menos en aquella.

ESQUELA DEL OCHO

Responsable de no escuchar
tus gritos mudos,
de no descifrar tus ojos
cuando me pedías amparo,
de complicar los nudos
en lugar de atar los cabos.

Supongo por el miedo
en comida, cena y desayuno
a esa distancia que yo
no parecía evitar a corto plazo,
aunque cuerpo y mente exprimía
para que nuestros futuros sumasen uno.

Confundí tu pena con frialdad y apatía,
con abandono a lo que creí
apreciado por ti un día.
Desorientada, vacía frente al espejo,
no alcancé a hallar tu herida,
ni siquiera su reflejo.

Superstición y numerología
del ocho tumbado,
el dígito más complejo.
Ese que fue, mientras dormía,
apuñalado.

Siento todo, y lo siento tanto,
pero lo que más lamento
es que no tenemos ni puta idea
de lo que es el tiempo;
de lo contrario, estaríamos abrazados.

PERPETUA CUARENTENA
40

Existen confinamientos
que pueden durar una vida.

O dos vidas separadas.

ORACIONES COORDINADAS COPULATIVAS

El vaho aparecía sin pereza
y
estallaba de la sábana la costura.

Aquel cuarto era el arte en su grandeza
y
el mundo en miniatura.

TRINCHERA DE UNA APÁTRIDA

Que sonría no significa que lo haya superado.
¿Superar el qué? ¿Tus ojos?
¿El atardecer de tu mano?
¿Tus bromas, tus antojos?
¿El altar al que no me has llevado?

Si aprieto los dientes
es porque me escuecen la garganta y el costado,
porque no soporto cuando mientes
cuando me hablas en pasado.

Acabaré navegando entre títeres clonados,
ahogando el tiempo que ha arrollado
lo que describimos como etéreo, eterno, aislado.

Me encantaría admitirlo,
pero lo dudo a ciencia cierta.
Gritaré tu nombre cuando pise
cualquier calle inundada de gentío,
aunque se me clave tu ausencia
y tenga que forzar el desvío.

O chillaré que no puedo huir
hacia el frente una vez más,

porque en las trincheras
tengo proyectiles de sobra
para acabar con la tristeza,
si tú estás.

Y te juro que sí,
que no puedo agarrarme
a cualquier ser humano
que me conceda la Luna,
si tú has echado raíz en mis sienes
cuando nos prometimos la vida,
y vida solo hay una,
por desdicha o por fortuna.

Cuando me aniquilas,
me inspiras de manera excesiva.
Naufrago entre incógnitas,
flotando sobre mis letras, a la deriva,
esperando a que vengan a rescatarme,
aunque tú no lo permitas.

¿No veis que estoy deshidratada?
¿Acaso reina el daltonismo?
¿No avistáis el rojo que mis costillas exhalan?
¿Cómo queréis que sea lo mismo?
Necesito una sustancia anticorrosiva
que me proteja el estómago de mi saliva,
disolvente de la ola de recuerdos
que emana arrolladora, masiva.

Pero ya solo queda el conformismo,
acostumbrarme a ser vencida
por semejante seísmo.
El que se ha llevado mi bandera y su asta,
el que ha dejado esta herida
en venta en la subasta.
No es otro. Es el mismo.
Tu mirada oliva era mi nacionalismo.
Esa es la patria que me basta.

BAJO SOL Y TEMPESTAD

La esperanza es la mentira
del que no puede padecer por más tiempo.
Arrancádmela, quitádmela de encima,
y llamad a un lazarillo, a un perro guía,
pues solo veo derrumbarse los cimientos.

Entended que no quiero psicólogo.
Ya tengo café y poesía,
ambos homólogos.
Preocupados veinticuatro horas siete días
porque he desaprendido la sonrisa de catálogo.
Letras, cafeína, saber que me quería.
Con eso basta para resistir esta sequía.

El «inviable» que me dibujabas con las pupilas
mientras yo soñaba despierta
que estarías al otro lado del teléfono
cada día de estío,
y al otro lado de la cama
cada noche de invierno y frío.

Cada tanto, un nuevo comienzo;
cada poco, una nueva despedida.
Como quien pinta un lienzo y le derrama la bebida.
En la cuerda floja más de cuatrocientos días.
Sin embargo, creamos un mutuo arnés en silencio,

sin aspavientos, sin agonía.
Con el vacío y el abismo al acecho
hacíamos artesanía.

Ebria de recuerdos, sobria de verdades.
Tú tomaste el testigo cuando en canal
me abrí el pecho. Bien lo sabes.
Tú, a la altura. Yo, tocando techo.

No fui la única que rompió una promesa.
Tú tampoco el único que desconfía.
Me sinceré rápido, cartas sobre la mesa.
Llegué a dudar si me querías.
Me convertí de los buitres presa:
sangraba mientras corría.
Más rápido te cazan si el cuerpo te pesa,
si te pesa la vida.

No lo tacho de efímero, mucho menos de fugaz.
Apogeo del todo al cero.

A pesar del maremágnum,
sé que sin ti no soy capaz.
Que la proporción de desgracia y belleza es única.
Que te quiero como a nadie. Puro. Fuerte. Veraz.
Que se me escapa de los dedos
tu habilidad por hacer música.
De mí, conmigo, bajo sol y tempestad.

PROTOCOLO

Que te marchas,
que me cuide.
Ambos, verbos irreconciliables.

Que encuentre el amor.
Lo que no sabes
es que sé dónde lo he puesto.

Que progrese.
En eso estoy de acuerdo.

Que ya dirá el tiempo.
Y que ambos lo escuchemos.

CANDOR

Mecida por el viento,
a merced de la mañana,
yo me recordaba como niña
en la parcela y su cabaña,
comiendo de su higuera,
guardando las abejas cercanas,
alimentando la alberca.

Con coletas despeinadas,
me columpiaba en la palmera,
corría sin huir de nada.
Cuando atravesaba la parcela,
el universo se iniciaba:
los colores olían a primavera
y sabían a mermelada.

Las cosas por su nombre

No encojas los hombros.

Tú muy bien sabías
que esto no es poesía,
sino mis escombros.

ENFERMEDAD CON DERECHOS DE AUTORÍA

El amor es una enfermedad,
un mensaje, un analgésico,
aunque los efectos secundarios
sean más jodidos que los síntomas.

Entre los dientes se asoma verdad
como fenómeno atmosférico
que paraliza los horarios,
hace a la vida punto y coma.

Certeza es no saber la edad
a la que el tiempo será anestésico
y solo colonicen recuerdos arbitrarios.
Intento analizar nuestros idiomas,

esos que evitaron entender la realidad.
Temor a un amor parapléjico,
el mismo que resultó mercenario
y se inmoló mediante bombas.

El amor es una enfermedad,
una foto es un calmante,
aunque interrumpa al momento
la efectividad de la terapia.

Fenómeno de gravedad,
atracción magnética, piedra delante.
Tus ojos al olvido como obra sin cemento,
como echar a volar y chocar contra la tapia.

La ilusión tiene propiedad.
Aun siendo dolencia constante,
aunque escueza el argumento,
preferir curarlo lento.
A gritos el alma pide fisioterapia.

El despojo de la ansiedad
requiere disciplina bastante.
Intento de preservar el cuento
en el tórax y, a la par, ahogar la rabia.

EL RETO DEL DUELO

AK-sinceridad es arma de doble filo
que atraviesa dos veces a aquel
que la empuña en el camino.

Pero prefiero la metástasis emocional
que ser asesinada por lo que no sucedió.
Aunque nadie sepa si es real,
aunque alimente al preludio del olvido.
Falto a la verdad si digo
que no quería envejecer contigo.

Los pretéritos se convierten en perro de presa
en búsqueda del trofeo de la resignación,
apodado «conformismo».
Al precipicio con semblante serio.
No sé si el espejo te reconoce como el mismo.

Hablar en *-ise, -ía, -ido*
es invocar arenas movedizas a tragarse un imperio.
Estocada en la aorta si otra vez me pierdo.

Ingenuos los que creen
que de un suicidio semejante alguien sale ileso.
Ilusos.
Tengo telarañas
en todos los resquicios de esperanza
que coleccionaba entre el ombligo y las pestañas.

Fotogramas tras la retina
nos recuerdan que nos dejamos los huesos
por dar magia a la distancia de rutina,
y las entrañas por protegernos de la ruina.

En mantra de aquí
hasta el verde del balance:
querer es dejar que haya volado,
permitir el avance,
tragarte la llave del candado,
dejar que marche,
no temer ser disparado,
a lo que falta por ascender,
a lo andado.

DESTIERRO Y DESALOJO

El bucle que me asfixia.
Hazme una señal.
Acaba conmigo.
Hazlo ya.
No lo hagas.
Mejor, dejémoslo aquí,
donde empezó todo,
en la nada.

Cronos no me ayuda,
solo cuelga la soga.
Rezo porque el cansancio
detenga mi memoria,
pero solo alcanzo
a ver el nudo de garganta,
que ya ahoga.

Nuestra última vez fue un cercanías,
y tu maleta atravesando las puertas automáticas.
Lucha perpetua tragando mi agonía.

Nuestras últimas lágrimas
fueron presenciales en una estación
y en diferido por una pantalla.
Despojos de mi ruina perpetua.
Lo que ahoga es lo que se calla.

Leyendo los mensajes
de cuando me querías,
cuando llevaste la tristeza al destierro
y el temor al desalojo;
cuando solo importaba el reflote
y salvarnos la vida.
La misma que ahora se escapa
ante mis ojos.

TANTO LA QUERÍA

Allí, lejos.
Abrí los ojos, me acuné,
quise guiarme hacia alguna parte.
Quise encontrarte en alguna de esas partes,
pero no aparecías.

Quise que me quisieras
como tú me habías querido,
como sabía que me querías querer,
aunque no te atrevieras.
Quise no buscar permanente
incompatibilidad ficticia.
Quise estar a la altura
y seguir al pie de nuestro cañón.

Quise superar la última de las fases
de lo que puede ser lo más duro
para dos personas que se quieren.
Quise olvidarme de que
no habías cumplido tu promesa.

Quise no haber sido visceral,
tragarme mi perfección
y no haberlo precipitado todo.
Quise seguir hasta poder volver a casa.
Quise agradecerte tu ayuda para volver a casa.

Quise no haberte dicho lo que te dije
mientras me ahogaba.

Tanto la quería que la maté.
Nuestra historia nunca mereció esto,
así que acabé con ella.
Solo espero que no estés sufriendo, vida.
Esa era la intención.

JUSTO ESE ME DESTROZÓ LA VIDA

Clara mi memoria,
juego de sombras que se destapan
cuando los párpados
se quedan dormidos.

Aquel beso.

El beso que me extirpó
una esquina de alma
para dársela a los cocodrilos.
El que me arrancó de tierra fértil
para enterrarme en el cemento.
El que me secuestró de la calma
para atrincherarme en el olvido.
El que me quemó con hielo
para curarme a fuego lento.

No mereces menos

Solo espero que estés bien,
y que la vida haga contigo
lo que tú deseaste
que hiciese con nosotros.

No mereces otra cosa.

Faraona

No sé de dónde provienes,
ni mucho menos dónde te diriges,
pero te has quedado en mis sienes
mientras indiferencia finges,
haciendo de los lunes, viernes,
creando pirámides y esfinges
cuando a mi piso vienes.
Mirándome, altiva, me corriges,
que un nombre cualquiera no tienes,
Cleopatra.

LLEGAREMOS

62

Cuando la prisa invada de nuevo las calles,
la exhalación del prójimo no sea tóxica,
la risa de los niños corone los parques.

Cuando la agorafobia no sea dinámica,
la llamada rutinaria se haga detalle,
la terraza siga siendo fuente de música.

Cuando ese día llegue y tú me acompañes.

DIME CÓMO

Cómo culpar al día nublado
si es el que ha dejado
al agua de lluvia
convertirse en fuente.

Cómo culpar al humano del pecado
si desde el odio apartado
consigue con firmeza
tender el puente.

Cómo culpar al crudo pasado
si oportunidad me ha dado
de acceder
a tu presente.

TILDES

Qué duro lo de la despedida,
que duró toda la vida.

LUNES

Lunes contigo no es lunes,
sino lunas aún no descubiertas
por la Estación Espacial Internacional.

Lunas esféricas perfectas,
probablemente,
de algún planeta del Sistema Solar
o de otro brazo de la Vía Láctea
de investigación potencial.

Satélites de concepción aristotélica,
cuerpos etéreos, puros, lunas desiertas
e inimaginable infinitud de belleza irracional.

EL MEJOR

He escrito poesía diaria
desde antes del confinamiento,
desde que tengo memoria a largo plazo,
desde que reina la primavera en el cemento.

Sin embargo,
ninguno como mi primer poema,
que eras tú entre mis brazos.

ACEPCIÓN

1. m. Sentimiento intenso del ser humano que, partiendo de su propia insuficiencia, necesita y busca el encuentro y unión con otro ser.

Amor, créeme.
Vehemente.
Tú sacias mis retinas.
Tú solamente.
Búsqueda incesante.
Amor, abrígame.
Hazme la vida
profundamente
hasta quedarme dormida.
Si la RAE lo dice,
no puede ser mentira.

ELEGÍA A ELEGIRNOS Y NO HABERNOS CUIDADO

Una alegoría a la tristeza.
Composición al descompuesto,
sabiendo que lo aman,
pero lo dejan morir solo.

Mirada desierta.
Cicatrices invisibles en el cuerpo.
Amores que arrebatan eso
que defienden sin decoro.

Delito el que quiere con pereza,
el que te desnuda con lo puesto
porque es el alma donde quiere dar el beso
para luego ahogarte en el lodo.

Alarma contra la inopia que despierta
a un ser humano cubierto
de subjuntivos, *-ese*, *-era*,
preso de ojalás que lo nublan todo.

Esto no es real, aunque me mienta.
Tú no te has ido, mi cielo.
Dime que siempre te mantuviste ileso
mientras padecía de este modo.

El tiempo no tuvo paciencia.
Corrimos hacia el desconsuelo,
actuando como el asesino confeso;
hicimos herida que no cura yodo.

Quisiera saber a ciencia cierta
si volveré a ser de nuevo,
o hasta la tumba, obseso,
el recuerdo hará de un pecho recodo.

El tiempo no tuvo paciencia.

PRECIO DE COSTE

Ojeras e insomnio de quimeras.
Corazón desnudo, pulmones negros
y sangre en los márgenes.

Querías esto de primeras,
no me culpes, reina.
Todo tiene un precio.
Y el mío eres tú.

CANTO GREGORIANO

«Todos rezamos cuando se acerca el fin».
Y yo, más atea que nunca,
arrodillada en el altar del frenesí.
Porque si he de creer en algo,
abogo por la existencia
de un final inalcanzable,
y porque dos lo queramos así.

Infinitud de miradas,
piernas kilométricas, besos en bucle,
conversaciones inacabadas.
La armonía de lo estable
en busca de la geometría más perfecta
de tenerte cada día antes del café de la mañana,
después de la jornada,
compartiendo sueño y almohada.

La mirada furtiva del futuro incierto
que se frota las manos
mientras fusionamos nuestros cuerpos,
convencida de que el final no tiene dueño,

no hay figura omnipresente
que lo esculpa o lo dibuje.

Echémonos la culpa
si nuestra vida metamorfosea
a plural de nuevo;
si el miedo que nos empuje
nos permite redimirnos a la resignación
del que intenta atrapar el humo con los dedos,
porque solo sé que yo sin ti no puedo,
y que tú sin mí no serías canción.

NEGLIGENCIA, DIAGNÓSTICO Y UN POEMA INACABADO

Me hace daño la saliva, es ácida,
me está perforando el paladar y la garganta.
El oxígeno me quema.
Me deterioro según respiro.
Me arde el pecho.
Me palpita el lado izquierdo del abdomen.
Pero qué iba a esperar.
Desesperar.

El nudo corredizo del que se ahoga
con lo que expulsa y no con lo que traga.
Nudo corredizo de desidia.
Como el que se juega la extra en la ruleta
mientras se imagina la bici de su hija en el escaparate.

Negligencia mercenaria.
Como el que libera partículas de plata a la atmósfera
para que no llueva mientras su gente se muere de sed.

Mercenaria negligencia.
Como el que atraca a mano armada el taxi
de quien ha pedido un crédito para pagar la licencia.

Negligencia mercenaria.
Como el que grita odios a su madre
por un malentendido de rutina.

Mercenaria negligencia.
Desesperar.

Y QUÉ MÁS

Vivimos cerca, pero a veces siento
que abismos conectan nuestros muros;
que el tiempo acechador avanza,
adelantándonos sin compasión alguna;
que la vida nos acuchilla,
mientras nos da lo más bonito
que jamás imaginamos.
Uno a uno, beso a verso.
Noches sin dormir y camas vacías,
espejos empañados
y una sensación de plenitud que atormenta.

Siento que te conozco,
aunque mastique interrogaciones
después de cada cruce de miradas y salivas.
Me fascinas.
Me rompes y me arreglas.

La certeza me desampara.
Rehúyo de la fe.
Me retan los relojes y tus ojos café.

Piso segura, atragantando
que no puedo imaginar esto sin ti;
que el dolor no me importa
si tú eres el diagnóstico;

que vivo bajo un techo que se derrumba y,
mientras me aplastan los escombros,
solo pienso en mirar las estrellas
a través de la brecha que se abre.

Lo que esperas que yo diga
queda muy lejos de lo que me atraviesa.
Y qué más.
Qué más siento que yo no sepa.

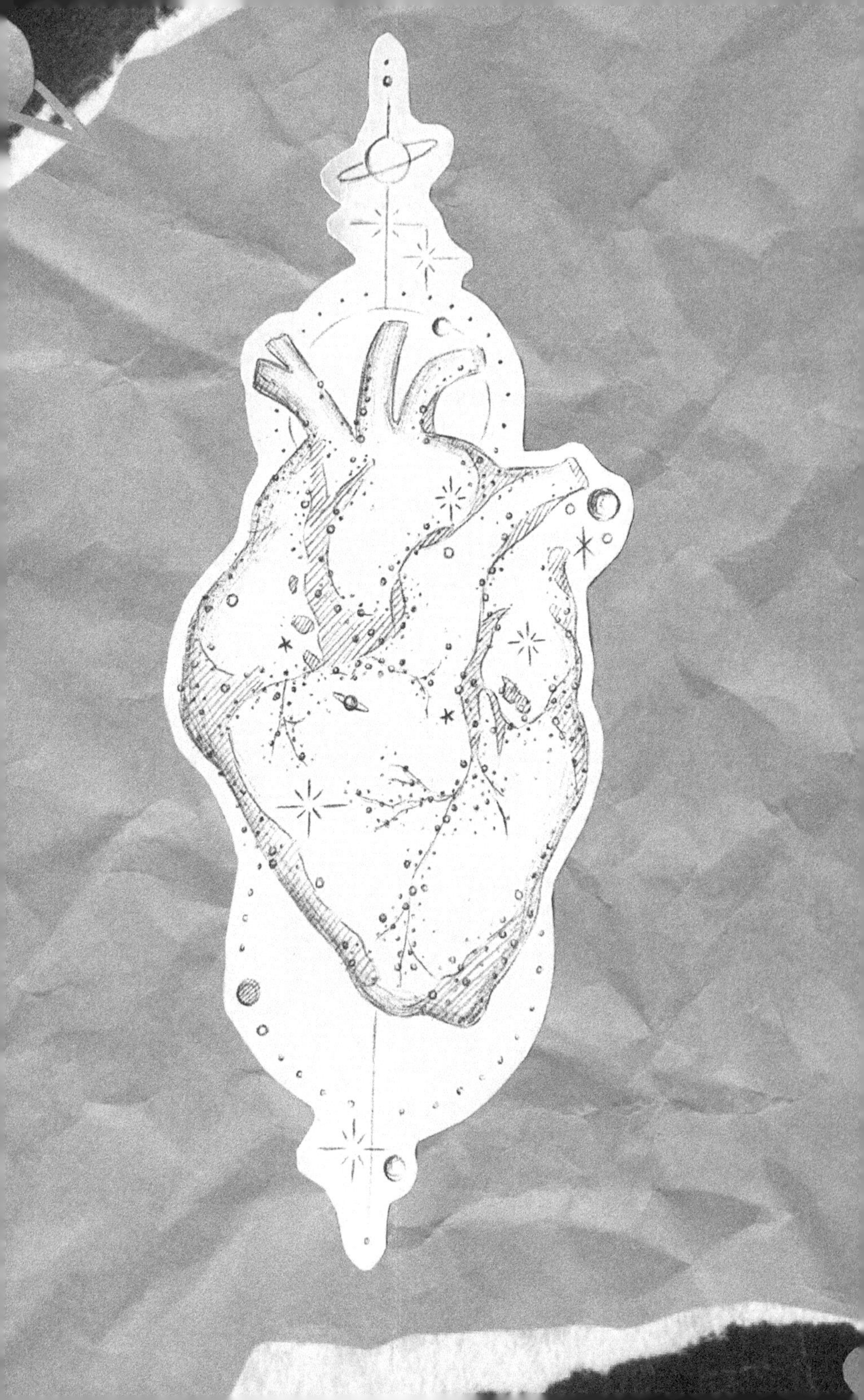

Mientras escucho «Nina Cried Power»

Mientras escucho «Nina Cried Power»
al sur de Bengaluru,
al este de casa,
al noroeste de Destino,
me escuece la garganta.

Zapatos y tempestades

Si me ducles más fuerte de lo que me salvas,
dime qué hago yo ahogándome
si sé nadar de espaldas.

La calma y auxilio que se atragantan
en las sienes, en el pecho, sobre las nalgas,
porque los prometiste incesante,
mientras mentías mirándome a los ojos
con aquel vestido malva.

Trajiste tormenta, tormenta y caos absoluto.
Pretérito presente que me arrastró a la palma
y al puño de la desidia,
siendo aplastada por tu habilidad
de hacerme culpable de ir descalza
cuando eres tú la que prohíbe los zapatos.

Te veo sobre la cama y quiero quedarme allí a vivir

Es
mi norte, mi horizonte,
el todo de mi nada infinita;
el hombre que me hace madre del viento
porque sus ojos me cuentan que yo soy capaz
de dar vida a todo eso que no se ve.

Y yo, en parte, le tengo que creer,
porque acierta en todo en lo que yo me equivoco,
y viceversa.

Cómo actúa el destino,
que nos reprocha el pasado que no compartimos,
castigándonos con lapsos semisempiternos
en los que dos camas están frías
y una taza de café es suficiente.

AGÓNICAS 504

Llevo días intentando leer
las cartas del futuro, del nuestro,
pero solo consigo ver el estampado de la caja.
Ahora que he aprendido,
se me quiebra la voz
mientras pienso que faltan tres semanas
para perderte.

Guardo la entereza entre los escombros
de lo que podríamos haber sido.
Ten cuidado, no tropieces.
Las palabras que no me dijiste
cuando el viento era de poniente
me arañan el costado,
y tu impasibilidad
no permite que me levante.

El tiempo era precioso
cuando jugábamos juntos a parar las manecillas.
Pero ahora es pura condena.

Veintiún días llorando de párpados para adentro.
Y tú, indiferente de boca para afuera.

DIFRACCIÓN

Llevo tatuadas las ojeras gris ausencia
desde que compartes otra cama.
No tienes idea de lo que supone
un mensaje inexistente.
Cuando ella está.
Cuando marcha, en cambio,
siempre tienes palabras
para la que te va a escuchar
pase lo que pase.

Gama acromática.

Desterré la rabia,
porque ya dejó de doler.
Ya para qué.
Me he convertido en un ser apático.
Patético.
Llamas y me hago la ocupada
mientras saco tiempo
para ensayar un tono despreocupado
que suene convincente.
Mis cortos silencios recriminan tu falta de estilo,
tu forma de reutilizar el concepto
de lo que teníamos,
sin que ahora esté.

Espectro visible.

Desde nuestro comienzo,
siempre supe que era paraguas en tu tormenta;
la alternativa que te reportaba tardes entretenidas
cuando los toldos de los bares
debían ser plegados por aviso de granizo.
Sin embargo, te convertí en espejo,
retroalimentándome con mi capacidad de quererte.
La misma que ahora me asfixia.

Arcoíris daltónico.

MÁRTIR

Sujeto.
Sustantivo o complemento del nombre.
Del mío. Del nuestro.
De lo que fue. Lo que fuimos.
Vete. Ir. Tercera conjugación.
Con jugar no tuvimos suficiente.
Tuvimos que querer. Tuve que quererte.
Eres lo que queda de mí. Yo ya no estoy.
Soy el narrador omnisciente de mi impropia historia.
No me reconozco mientras describo mis restos.
Ahora peso 11 kilos menos y tú te vas a Gran Bretaña.
Creo que el vaso medio lleno me lo bebí
mientras esperaba a que volviera el valor
para decirte que no he dejado de imaginarte.
Conmigo.

Cobarde. Ardo. Sin ti. Ardo sola,
porque fui tan estúpida de no querer coger tu mano
cuando me la ofrecías sin pedir nada a cambio,
nada más que apretarla.
Pero preferí hacerme cenizas y dejarme arrastrar
por el viento entre las hojas
que ya empieza a marchitar el otoño.
Aflora el valor cuando veo que te vas a marchar,
que la que vuelas eres tú,
y no unos cuantos metros sobre el suelo
como pavesa incandescente.

Mártir.
De la perfección. De excelencia de envoltorio.
Qué lástima que solo se coma el envuelto
y el resto sea desecho.
Lo estoy haciendo todo mal. Y tú me lo advertiste.
El universo llamó a mi caos para presentarme
a una princesa republicana
de zapato plano, domadora de dragones,
exploradora de páramos bucólicos metropolitanos.
Yo lo escuché, pero cerré la puerta,
me tapé los oídos y grité lo más alto
que mis cuerdas vocales pudieron resistir.
Soy la culpable, la sufridora,
la infeliz y la impertinente;
la hipócrita, la poseída por el miedo,
la que quiso, la que quiere.

Intenso. Poco tiempo. Nada tenso. Relajada. En paz.
Meses. Detalle. Fotografía. Árboles. Piruletas. Cama.
Recetas. Corredor. Película. Poemas. Tinta. Poros.
Mensajes. Teatro. Concierto. Coche. Libros. Canción.
Y besos. Los más pequeños y los más grandes
que aterrizarán en esta mandíbula desencajada.
Princesa republicana,
dime dónde aprendiste a ser diosa mitológica.
El placer habita en tus manos,
en tus rizos alborotados,
en tus senos, en tus mejillas sonrosadas.

No conozco la razón de este vómito impetuoso,
tan exhaustivo y acertado como mi vocabulario
y valía permiten, ahora que ya no estás.
Pero cuando la culpa acecha,
reprimirla solo agrava el dolor, el arrepentimiento,
y doctorada estoy en ambos.
Vete, vete tan lejos como te haga feliz.
Constrúyete, sonríe. Vive, ama.
Siempre estarás escrita en mí,
con tipografía de máquina de escribir,
costado izquierdo, protegiendo los restos
de lo que te has llevado y no quiero que devuelvas.

(In)definición

Me empieza a gustar la búsqueda
de mi yo versátil.
Aunque si me defino como tal,
quizá en algún punto deje de serlo.

No rendirme cuentas, siquiera a mí misma,
no buscar una acepción a mi nombre y apellidos.
Preocuparme por ser cada día la persona
que me apetece ser,
sumando facetas, restando vergüenzas
y multiplicando reinvenciones.

Tener conciencia de que
cada día que amanece hemos cambiado
puede traer un miedo infinito a desconocernos.
Y que nos desconozcan.
Y a perder el nicho que hemos de ocupar
o creemos que debemos,
porque así nos lo han otorgado los terceros.
Me ha costado mucho aprender esto;
de hecho, quizá no lo he asimilado todavía.

Aún existe el miedo a atravesar
la delgada línea entre abarcar el todo
y la unidireccional pérdida de identidad,
de lo que se esconde detrás de mi complexión

y apariencia cuando soy mencionada
o cuando aparezco ante cualquiera.

Soy humana. Seré juzgada.
Pero siempre será más duro si lo hago yo.
Así que elijo elegir cada mañana
si llevaré pijama o corsé; si comeré caliente
o algo rápido en un puesto ambulante;
si tararearé en mi cabeza o despertaré al vecindario
con cualquier canción de Gloria Estefan;
si leeré mucho ese día o si solo tiraré el tiempo
observando cómo ruge Madrid en las horas punta;
si bailaré riéndome o estaré callada, mientras escucho
una conversación en la que podría intervenir
pero no quiero.

TE MIRO Y...

Te miro y me entran ganas
de arrancarme las lágrimas que no derramo.
Sería egoísta ponerme así de trágica
cuando se nota que tú fuerzas la sonrisa
para que no nos vengamos abajo.
Sería muy egoísta inmolar la misión
que te has otorgado sin que nadie te lo pida,
pero que agradezco más que nada en este mundo.

Te miro y me entran ganas de gritarte que,
si es necesario, gritaré lo que aguanten mis pulmones
para que sigas escuchando la falta que me haces.
Créeme, existen mejores excusas que el kilometraje
para justificar imposibles.
Ya sabemos eso de primera mano.

Te miro y me entran ganas de agarrarte la mano
y correr, correr y llegar a ese lugar donde sea factible
construirnos en plural.
Pero créeme que estoy dispuesta a todo
para que tu torre atraviese las nubes
y la mía surque los cielos.
Y allí nos encontremos.

Te miro y me entran ganas de pedirte
que me jures que somos potencia y capacidad,
que tenemos lo más bonito
que jamás habrías imaginado,
y que el tiempo dará la razón a dos destinos
que se agarran por la espalda para quererse
en silencio,
a gritos,
a capela
y sin mesura.

EXISTIRÁN

Me parto los pulmones
gritándole a ese tren que se te lleva.
Y mientras, tú te giras, asimilando
que empiezas una nueva vida muy distinta
a la que nos habíamos construido
en una servilleta de bar, en nuestros sueños.

No creo que seas la última.
No lo imagino, no lo siento, no lo asimilo.
Existirán otras miradas, otras lunas mojadas,
otros polvos a cubierto de manta de sofá.
Aunque me cueste admitirlo,
no serás la madre de mis hijos,
ni la nuera de mi madre.

Serás solo la musa, la ninfa que hizo temblar
los bosques de mi cabeza,
que apartó las nubes de comienzo de tormenta.
Serás el recuerdo que mane de mis sienes
antes de quedarme dormido
al abrigo de otros brazos.

Toda la vida.

BERGEN

Vuelvo a esta ciénaga de tinta,
porque me están creciendo pájaros,
porque me estoy anticipando a despedidas,
y ya me va escociendo la herida.

Bergen, qué bonita fuiste cuando olerte yo podía.
Qué preciosa eras cuando retumbaba la risa
de quien sabe que va a morir ahogado
o con el pecho a la deriva.

Caída libre

Puede que en algún momento
tú estés leyendo esto, y yo, mientras tanto,
opte por disimular mi rubor,
apartando la mirada de la tuya,
buscando planetas
entre la contaminación lumínica.
Pero así es la vida: un día viajas sola
y al otro bailas con la suerte,
en AVE o en cohete.

Aún no he conseguido acertar con las palabras.
Todavía no he podido contarme
lo que sucedió un dos de febrero.
Ni siquiera lo que nos está ocurriendo ahora
o lo que terminará pasando no sé cuándo.

Fusionados con tu cuerpo llevo mis delirios.
Creo que no es extraño.
Apareciste como asteroide atravesando la atmósfera.
Miedo y magia en mis retinas.
Polvos y estrellas.

Tengo los ojos llenos de ganas de verte.
Continuamente,

como telescopio aficionado
en búsqueda de Andrómeda.

Solo te pido que navegues mi espacio-tiempo,
que atravieses mi sien y mis costillas,
que no te marches, aunque el reloj te lo pida,
que vuelvas antes de haber volado
allá donde nos conocimos.

Y es que me sale no dejar de querer sorprenderte.
Y no quiero malacostumbrarte,
y mucho menos malacostumbrarme.
Pero es que, joder, moriría si me asegurasen
que mis últimos minutos aquí son contigo.

No quiero pensar que terminaré exprimiéndome,
exprimiéndome como gajo de limón cortado
cuatro horas antes de servir el cubata.
Ácido que duele y cura.
No quiero imaginar que acabaremos suspirando
los demonios de la resignación.

Pero qué coño… yo no soy la que escribe.
No puedo ser yo. No me reconozco,
y estoy segura de que tú tampoco puedes hacerlo.
¿Dónde está el espíritu de morir en el frente?
O ni siquiera eso,
¿dónde está la que piensa que somos inmortales?

Voy a jugar al todo o nada.
Voy a tirarme del globo aerostático,
porque sé que no estarás arriba,

pero sí amortiguando la caída.
Voy a empeñarme en observar la bandera
desde la Tierra, a ver si ondea o es mentira.

De lo único que no quiero hacerme responsable
es de no haber dado por esto.
Ahora, más que nunca, pienso que somos dueños
y señores de lo que tenga que pasar.

Quiero dormir por las noches sin haber defraudado
al satélite de la consciencia, mientras sumo las horas
que voy restando para volverte a abrazar.
Me he enamorado a 310 kilómetros por hora
y no soy capaz de imaginarme echando el freno
a esta velocidad.

PLAGIO EMOCIONAL

Aparecías en cada folio,
en cada verso, en cada una de las letras
de mi máquina de escribir del 75,
en su carrete de tinta desgastada por los años
y por las lágrimas que lloraban
las yemas de mis dedos.

Cómo no enseñarte lo que escribo,
lo que te describo, incluso a sabiendas de que
se lo enviabas a ella, atribuyéndote la autoría.

Quizá por eso no dudé en seguir enviándote
mis textos.

El único método que yo tenía para llegar hasta ella
y explicarle que eres el jodido desastre más alucinante
que he conocido era este;

la única forma de decirle que eres un ser despreciable
por el que daría mi vida después de una bofetada;

la única manera de contarle que ella no sería la última,
pero que yo sí fui la primera.

PSIQUE

Me entrego al ritual de la secta de tus manos,
dejándome arrastrar por lo que viene después.
Soy casta, casta y pura. Cambia la «r» y no dejes
que me marche sin intentarte.

Capricho, lo que ocupaba mi cabeza en el espacio
publicitario de los programas de la hora de la cena.
Y ahora, cariño, te has enquistado en mi garganta.
Y me dueles al tragar.

Te lo advierto, nunca he sido buena.
He costado lunes, lunas y noviembres a los osados
que se atrevieron a probarme.
Pero quiero que te quedes a vivir en mis caderas,
así que intentaré hacer contigo la excepción.
No voy a esquivar los intentos de enmarañarme
en tus sábanas de algodón.

Porque quiero probar lo que viene después.
Pero te lo admito: siempre termino siendo motivo
de derrota, ebriedad y agorafobia.
Eres el primero que sé que no va a dejarse ganar.
Por eso quiero entrar en la secta de tus manos
y dejarme llevar por lo que viene después.

Quiero que me arranques la ropa y que me jures
que no va a ser fácil. Quiero que prometas que,
después de esto, miraré el golpe desde la azotea,
que, esta vez, la que no saldrá ilesa seré yo.

Psique carnal.

CHICA-LIBRE[O]

Eres misterio en cada una de tus páginas.
Eres historias fantásticas de duendes,
de hechizos, de alfombras voladoras;
cobijo de soñadores, soñadoras.

Eres tregua en incesantes batallas
entre caballeros y gigantes.
Eres delicada como el papel,
páginas que no había leído antes.
Eres un verso de Panero;
el beso que el adolescente de la novela
no se atreve a dar primero.
Eres lectura de bolsillo, de tren,
de cama, de tresillo.

Eres título, epílogo y capítulo.
Eres literatura de autor apasionado;
un Pulitzer aún no galardonado.
Y a mí, a mí me encanta la lectura.

LO BONITO DE LA TRISTEZA ES LA POESÍA

Lo bonito de la tristeza es la poesía.

Lo bonito de que te fueras
es que me quedo para recordarte,
haciéndote renacer en el espacio indivisible
entre la tinta y el papel,
o en cualquier parte.
Y es que me has dañado tanto
sin siquiera rozarme
que volver al capítulo del júbilo
me provoca náuseas.

Lo único que te pido es que sigas permitiendo
que me ahogue mientras me desgarro el tórax,
sangrando letras en el espejo.
No vas a venir a salvarme.
Esa es mi única certeza.

CONDICIÓN

Puedo decidir no decidir.
Puedo decidir ser una botella en el océano
y dejarme mecer por la tendencia.
Puedo ser una botella frágil
llena de aire y papel mojado.
Puedo ser mero transporte de ideas,
pero de otros.

Puedo decidir no decidir.
Puedo decidir ser telediario de los lunes.
Puedo decidir ser excusa, pereza y compasión.
Puedo decidir ser sala de espera,
aguardando un momento que no llega,
ni va a llegar.

Puedo decidir no decidir.
Puedo decidir sangrar poesía en el espejo
de puertas para adentro.
Puedo decidir que tú nunca llegues a leerla.
Puedo decidir resignarme a que me olvides.
Puedo llorar en la estación
mientras los pasajeros no ven mis lágrimas,
pero sí mis deportivas.
Puedo decidir unirme a cualquier red social
que notifique que no estoy sola,
a no ser que el wifi vaya con lentitud.

Puedo decidir empapelar mi salón
con tus fotos, hasta el punto de creer
que me van a hacer cosquillas en los pies
cuando esté a punto de quedarme dormida.

Puedo decidir ser ejemplo de patología terminal.
Puedo decidir ser almacén abandonado,
o descampado en un barrio de la periferia de la ciudad
que no verá crecer a nuestros hijos.
Puedo tragar humo y ceniza.
Puedo decidir volver a la miseria de la que,
en realidad, nunca terminé de salir,
pudiendo decidir culparme a mí
o al resto de pronombres.

La condición de humana me obliga a ser libre,
y eso es lo único sobre lo que no tengo
poder de decisión.

POSEIDÓN

Tus pasos.
Tu forma de bajar los escalones
como si fueses un niño
chapoteando entre los charcos,
aviso de que te aproximas
para no dejarme indiferente.
Tu mirada me busca antes de comer,
y es que sé que no solo tienes
hambre en el estómago.

No sabes cómo pedirme
que te acaricie la sonrisa,
cómo reclamarme que te bese,
así que me regalas
la mejor vista de la Tierra,
que es el mar.

Te encanta la metáfora,
pero lo que no conoces
es que eres la mayor alegoría
que tendré entre mis dedos.
No me atrevo a describirte,
continuamente erraría.

Desde el principio te tuve tan cerca…
Sin embargo, no pude verte
hasta que no saliste a cubierta.
Y es que necesité viento y oleaje
para poder descubrirte.
Necesité escuchar cómo suena
la inmensidad que esos ojos esconden.
Joder, prometí que no lo haría…
ya estoy errando.

Resisto, resisto, pero no lo suficiente.
La marea me envuelve,
me traga entre sus brazos,
y el frío peregrina por cada uno de mis poros.
Un frío que es refugio y puñal al unísono.
El frío más embaucador que jamás
volverá a rozarme la piel.

CANALES

No tiene sentido pasearme por Venecia
de la mano del fantasma
de lo que quise que fuéramos.
Diles que me arranquen la vida
y que, cuando fallezca,
me entierren en tu cintura.

Explícales que el corazón puede estar de luto,
aunque el amor siga viviendo;
que eres propietaria de la utopía,
de los besos temblorosos que se esconden,
de la inmensidad de mi galaxia.

Cuéntales que juré que volvería
a fotografiar San Marcos,
pero nunca en tu ausencia.
Ahora rezo en el altar de tu belleza,
que se clava en mis retinas mientras te alejas,
mientras dejas atrás el cadáver de lo que fuimos,
mientras me dejas a mi suerte
en el Puente de los Suspiros.

DESAGÜE

Me rompo la cara por ti
35 veces al día.
Y si no lo hago,
ni yo soy yo ni tú eres mía.

Pobre del cristal de tus tacones.
Pobre de lo nuestro.
Pobre de aquel que oiga psicofonías
y no sepa que somos tú y yo
follando mientras lloramos,
componiendo lo que hacía Bach,
pero con versos de Nach en el hilo musical.

Dejando que pase la vida,
dejando que el tiempo se deslice
por el desagüe de la ducha
de tu piso de alquiler.

Sobre la autora

Marta Caballero-Huertas (Castilla-La Mancha, 1996).
Bióloga de profesión, hace ciencia a jornada completa y poesía a tiempo indefinido. A pesar de su origen de secano, investiga el mar. Ha residido en cinco países, en más del doble de casas y bajo algún techo a punto de desplomarse.

Conectora de ideas no relacionadas (aparentemente), cree en los horóscopos solo cuando le gusta lo que lee. No soporta el mal intencionado, ni los medios por el fin justificados. Perfeccionista cada vez más entrópica, le encanta comer bien y variado, y acompañar las tardes con letras y café.

Índice